# निरावरण भावना

रिचा नेवाटीया

ISBN 979-888606454-4

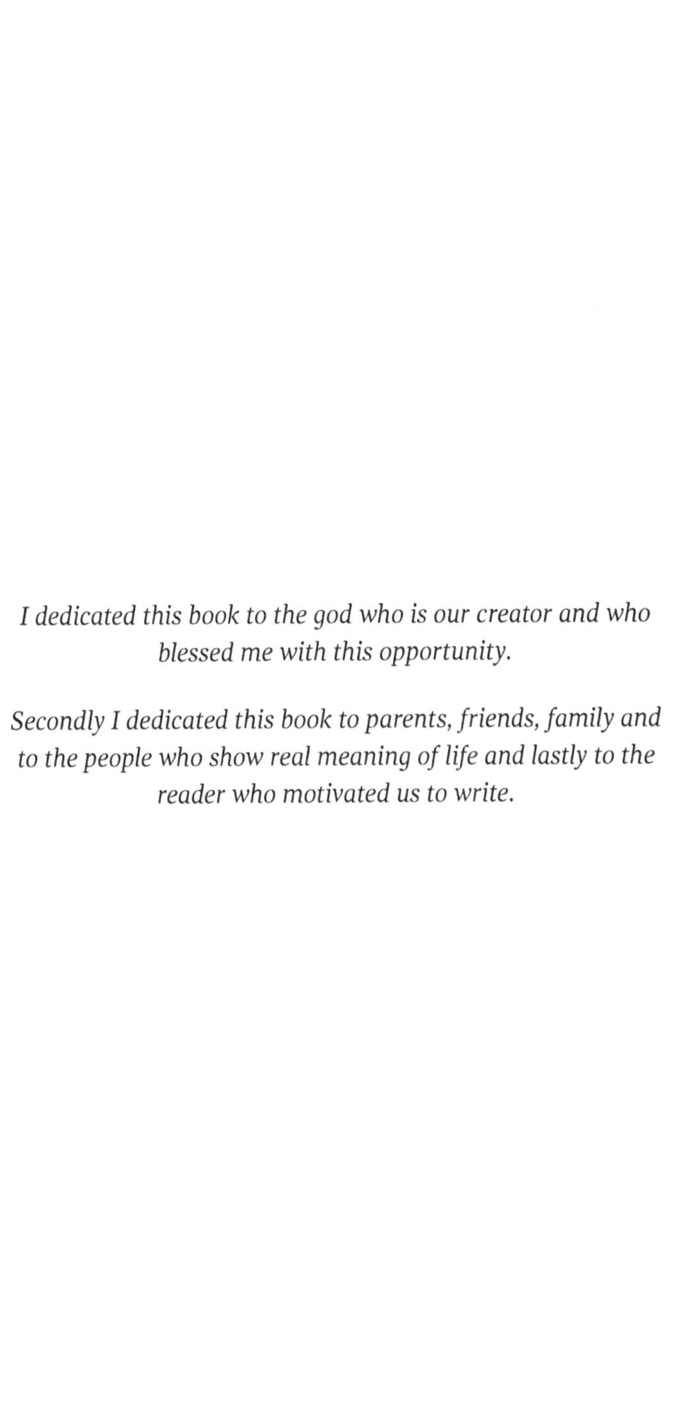

*I dedicated this book to the god who is our creator and who blessed me with this opportunity.*

*Secondly I dedicated this book to parents, friends, family and to the people who show real meaning of life and lastly to the reader who motivated us to write.*

# क्रम-सूची

# क्रम-सूची

# क्रम-सूची

# प्रस्तावना

निरावरण भावना का मतलब है छुपी हुई भावना और विचार। यहां सारे लेखों को ने अपने विचार और अपनी भावनाओं को व्यक्त किया है। जो हम सब कहीं ना कहीं सामना करते हैं।यह पुस्तक भावना और सोच को व्यक्त करने के लिए प्रेरित करे

इसलिए कपिल किया गया है

# About The Compiler

*मेरा नाम रीचा है। मैंने बीबीए पूरा कर लिया है। मैं सह-लेखक के रूप में 10 संकलन का*

*हिस्सा हूं। मैं कम्पाइलर हूं। मैं दुनिया के प्रति अपनी भावना, अनुभव और धारणा पर लिखता हूं।*

*मैं पेशेवर रूप से कंटेंट*

*लेखक हूँ।*

# A Prose By Compiler

#कौन कमबख्त होगा जो जिंदगी को छोड़कर,
मौत को गले लगाना चाहेगा,
पर उसकी परिस्थिति,
और खुद पर विश्वास ना रख पाना,
अपनों का साथ छोड़ जाना,
जिंदगी में आगे कुछ और ना देखना दुख और दर्द के सिवा,
जिंदगी में जीने की वजह ना देखना,
इंसान को आत्महत्या की रास्ता दिखा देती है,
और कौन कहता है कि खुद की जिंदगी लेना आसान है,
नहीं होता पर फिर भी खुद को सुकून देने के लिए किया
जाता है,
अगर एक रोशनी की किरण दी जाए तो वह इंसान को
आत्महत्या करने से रुक सकती है।

# 1
# Pratik Premraj Bhala

*He is Pratik Premraj Bhala, author of shabdo ka safarnama award winning poetry book. He is co-author in more than 100 Books. His tagline is CREATING THE WORLD OF WORDS and his literary work published in International national magazine's and newspapers. For contacting him email him on writespratik@gmail.com and His instagram ID is pratikpbhala.*

# रामलला

कई दशकों बाद आज राम भक्तों

के लिए खुशी का मौका आया है,

हर दिन में सिर्फ प्रभु

तेरे भक्ति का जयकारा छाया है.


जहां हुआ था जन्म प्रभु का

मंदिर नहीं बनाने पुनः जा रहे हैं,

दशकों से टेंट में बैठे मेरे प्रभु

जल्द ही भव्य मंदिर में आ रहे हैं.


सही मायने में आज हम सब

दीपावली का त्यौहार मनाएंगे,

क्योंकि जल्द ही श्री रामचंद्र जी

अपने भव्य महल में पधारेंगे.

राम भक्ति में डूबी अवधपुरी,

सरयू तट पर रौनक छाई है,

राम जन्मभूमि मंदिर भूमि पूजन की

शुभ बेला बरसों बाद आज आई है।

# 2
# मेधा शर्मा

यह मेधा शर्मा एक नई और नवोदित लेखिका हैं जो उत्तराखंड की रहने वाली हैं। वह अपने लेखन की यात्रा में एक उत्साही व्यक्तिगत की हैं।

वह यहां अपनी सभी भावनाओं, अनुभवों, विचारों को कलमबद्ध करती है।

कविताओं, सूत्र, उद्धरणों और सूक्ष्म कथाओं पर भी उनकी अच्छी पकड़ है !!

लोगों की स्थिति को ध्यान से देखना और उन भावनाओं को दिल में उतारना उनकी कला बन गई है और इस भावना को शब्दों में पिरोना उनका जुनून है।

उसकी इसी रुचि ने उसे एक प्रेरक लेखक बनने के लिए प्रेरित किया, वह प्रेरित करने के लिए लिखती है, वह अपने शब्दों के माध्यम से दूसरों को उनके अकेलेपन में समर्थन देने के लिए लिखती है।

*Instagram id - __catchy_eloquent__*

# पहचान:-घर से दूर

मैं घर के किसी कोने में बैठ कर देखा करती,

मकड़ियों को जाले बुनते,

चींटियों को खाने के छोटे टुकड़े बटोरते,

गलती से घर में घुस चुकी तितली को दरवाज़ा खोजते,

इन सारी आपाधापी में मैं अक्सर भूल जाती

मुझे भी कभी सपने बुनने होंगे

छोटे छोटे हिम्मत के टुकड़े बटोरने होंगे

और इस घर के दरवाज़े को मुझे भी खोजना होगा,

बाहर निकल कर, खुद को साबित करना होगा

क्यों ?

मालूम नहीं !

शायद यही संसार का नियम है

मैं अपनी पहचान बनाने

उस दरवाज़े से निकल आयी हूँ,

घर छोड़, दूर दुनिया में चली आयी हूँ

पर मुझे आज भी वह मकड़ी, चींटी और तितली,

खुद में दिखलाई पड़ते है

मैं घर की दीवार के किसी खूंटी पर रूह टांग भूल आयी हूँ !

# 3

# Zala Rushirajsinh

मैं वर्तमान में एक कॉलेज का विद्यार्थी हूं। लिखना मेरी रुचि का विषय हैं। मुझे कविताएं लिखना बहुत पसंद हैं। लिखने के अलावा मुझे नई नई जगहों पे घूमना और नए नए दोस्त दोस्त बनाना भी बहुत पसंद हैं। नई नई चीजे सीखना मेरी एक आदत हैं। आप मुझसे नीचे दिए गए माध्यम से जुड़ सकते हो *instagram: rishi__3900, Twitter: @Rishi3900*

# तेरी चाहत ने मुझे पागल बना दिया

तेरी चाहत ने मुझे पागल बना दिया,

इश्क ने तेरे मुझे घायल बना दिया।

हर एक लम्हा बीतता हैं तेरी ही यादों में

ना जाने क्या जादू हैं तेरी इन बातो में।

तेरी इन बातो ने मुझे जीना सीखा दिया,

हर एक पल में हंसना सीखा दिया।

क्या असर हुआ है मुझ पर तेरे प्यार का,

दुश्मन बन बैठा हूं अपने ही सभी यार का।

तेरी चाहत मुझे सोने नही देती,

खुद को अपना कभी होने नही देती।

तेरे प्यार की मुझ पर ऐसी असर छा गई,

मुझ में भी लिखने की कला आ गई।

खुदा ने तुम्हे मेरे जीने की वजह बना दिया,

तुझे पाने को मेने जीने का आधार बना दिया।

सच में, तेरी चाहत ने मुझे पागल बना दिया,

इश्क ने तेरे मुझे घायल बना दिया।

# 4
# Sanju Nirmohi

मैं वर्तमान में पढ़ाई के साथ साथ लिखने में रुची रखता हूँ और लेख, कविता व शायरी लिखता हूँ । सहारनपुर की मासिक पत्रिका ग्लोब दर्पण में हर माह मेरी रचना प्रकाशित होती है, इसके साथ ही मुझे गीत सुनने, लोगो में बैठना, सभी से बाते करना अच्छा लगता है। आप मुझसे *Google, Facebook & Instagram* पर जुड़ सकते है *@sanju nirmohi.*

# कुछ पता नही

जिंदगी इम्तिहानो से गुजर रही है कब क्या हो कुछ पता नहीं,

स्नेह से मिलो हर दिन गिले-सिकवे भुलाकर, आज है कल नहीं कुछ
पता नहीं।

पल पल का जीवन कीमती है, एक पल का कुछ पता नहीं,

उजाले में खोए हैं लोग अंधेरे का अंदेशा बुलाकर, कब जिंदगी की शाम
हो कुछ पता नहीं।।

खो गई है इंसानियत सत्ता के गलियारों में,

अस्पतालों में भी जान जा रही जगह नहीं शमशानों में।

कल्पना भविष्य की भी दूर है शायद, वर्तमान का भी कुछ पता नहीं।

धन की चाह है लोगों में, अभी अन्न भी मिले कुछ पता नही।।

इंसानों की यह भूल है कि यहाँ मेरी चलती है वहां मेरी चलती है,

एक आफत आई बता दिया रब ने, जहाँ में सिर्फ मेरी चलती है

होता रहा खिलवाड़ प्रकृति से, अब अंजाम क्या हो कुछ पता नहीं,

हवा में भी मानो ज़हर सा भरा है अब तो, फिज़ा का आगे क्या हो कुछ पता नहीं ।।


अदृश्य कांटे है राहो में या हमी है अंधे कुछ पता नही, बढ़ा रहे है कदमों को निरंतर, मंजिल मिले न मिले कुछ पता नही।

सहजता से होगी जिंदगी बसर या व्याकुल है मृत्यु भी कुछ पता नहीं,

एक कदम रखते हैं जीवन का दूसरे का कुछ पता नहीं ।।

# 5
# Farhin Munshi

मेरा नाम फरहीन मुन्शी है। बहुत सुलजी हुई ना सही थोड़ी ऊलजी हुई लेखक हु। कोशिश रेहती है बस यही की मेरे विचारो को मे अपनी लिखावट के झरिये आप लोगो तक पहुँचा सकु। उम्मीद है आप ढेर सारा प्यार और साथ देंगे।।

*Instagram id - words_of_fairy*

# माँ, तू नही समजेगी.!

जब जब रात मे नींद ना थी मेरी आँखो मे,

मेरी माँ थी मेरे पास सुलाया था उसने फिर मुजे उसकी बाहों मे।


जब पापा से कुछ मांगने से इतराते थे,

माँ से केह के पापा से हर बात मनवाते थे।


जब होती है तबियत मेरी नासाझ,

तब माँ तू ही रहती है हर पल मेरे पास।


बिना बताये तू सब जान जाती है माँ,

तुजसे जो भी मै मांगू कभी ना कहती ना।


बचपन मे मुजे नये कपड़े दिलाकर खुद पुराने कपड़ो मे खुश थी,

माँ, मेरे लिये एक तू ही जन्नत का रास्ता थी, तू है और माँ तू ही रहेगी।

इतना सब करने के बाद भी दोस्तो हम केह देते है, माँ, तू नही समजेगी।।

# 6

# Mazhar yusuf

मम्यसेल्फन् मज़हर युसूफ लखनऊ शहर से एक नॉर्मल सा लड़का कुछ ख्वाब लिए बस लिख् रहा हूँ अपने ख्याल अपनी इमेजिनेशन सक्सेस एल्लौता फ्यूचर गोल है मेरा |

*Instagram id - 786.mazwrites*

# एक अधूरा ख्वाब, तुम हो

तू एक अधूरा सा ख्वाब जो कभी पूरा नहीं हो सकता, मेरी जिंदगी में आई उस रात का सवेरा नहीं हो सकता,

छोड़ दिया हैं मुझे जब से इन अंधेरों में,

जिंदगी का अब गुज़ारा नहीं हो सकता,

मिलाया था मुक़द्दर ने हमें मुक़द्दर ने हि जुदा किया हैं,

मेरी जिंदगी का एक अनमोल हिस्सा छीन लिया हैं, अब क्या शिकायत करें उस खुदा से जिसने तुझे मेरी किस्मत में ना सही पर हां,

पर हां आंखों के सामने होने का मौका जो दिया हैं।


मुझे उन रास्तों पर चलना हैं जिनकी मंजिल तुम हो, महोब्बत तो सिर्फ तुमसे करना हैं क्योंकि मेरी खुशी तुम हो,

जीना हैं ये जिंदगी सिर्फ तुम्हारे साथ,

क्योंकि अब तो जुड़ चुके हैं तुमसे मेरे एहसास,

लफ़्ज़ों में बयां कर नहीं सकते इतनी हसीन तुम हो, परियों कि तरह ख्वाबों में आती हो और मेरा चैन-ओ-सुकून हर घड़ी चुराती हो,

मोहब्बत जब से करी हैं तुमसे अब ये जहां मुझे खूबसूरत लगता हैं, सोचता हूं खो जाऊं इन वादियों में क्योंकि इन वादियों कि हवा में तुम हो।

# 7
# Purushotam Singh Chandel

आसमां में भटक रहा जमीं परिंदा हूँ मैं। रखा खुद पर भरोसा इसलिए अभी तक जिंदा हूँ मैं। मेरा नाम पुरुषोत्तम सिंह चंदेल है, मैं झारखंड के गढ़वा जिले में स्थित एक छोटे से गाँव नवादा का रहने वाला हूँ।फिलहाल मैं कक्षा 12 वी का छात्र हूँ और मेरे जीवन में घटित एक साधारण से घटना ने मुझे लिखने के लिए प्रेरित किया।

*Instagram id - @purushotamsinghc*

# मेरी माँ

तुम हरदम अपनी दुख भरी कहानी हमसे छिपाती रही।

कभी कारण न पूछ लें हम, इसलिए सदा मुस्कुराती रही।

चल कर काँटों पे खुद, हमें फूलों पे चलना सिखाती रही।

अपनी आँखों में आँशु लिए हरदम हमें हसाती रही।

खुद सुखी रोटी खाकर हमें ब्रेड और बिस्कुट खिलाती रही।

खुद प्यासी रह कर हमें पानी की हर एक बूँद पिलाती रही।

जब भी फिसले हमारे कदम, तुम खुद गिरकर हमें बचाती रही।

इस खुबशुरत से जहाँ की खुबशुरति तुम हमे अपनी खुबशुरत आँखो से दिखाती रही।

क्या सही क्या गलत ये हर कदम बताती रही।

प्यार औरों से ज्यादा तुम हम जताती रही।

कभी मेरे हारने पर सभी नाराज हो जाते थें घर में, पर एक तु ही थी जो मुझे जीत की तस्सली दिलाती रही। सभी खामोश हो गए पर तु मेरे तालियां बजाती रही। खुद की हाथों में चूड़ियां न थे तु फिर भी हमे सजाती रही।

सभी डांटतें थे मुझे मेरे छोटी छोटी गलतियों पे मगर

तु मेरी बड़ी से बड़ी गलतियों पे भी मुझे समझाती रही।

सच बताना माँ इतनी फ़ीक तुम्हें औरों की भी थी,

या अपनी दुआओं की दौलत बस हम पे लुटाती रही?

# 8
# Prabal Khosla

एक विद्यार्थी जो 2011 से कविताएँ लिख रहा है, जिसके लिए कविता अपनी दिल की भावनाएँ प्रकट करने का एक माध्यम है, कविता के साथ साथ संगीत से भी बेहद लगाव है, 2012 और 2021 में एक एक किताब भी लिखी है, 2011 में kbc में एक कविता की प्रस्तुति भी हुई थी!
Instagram id - @prabalkhosla

# दरमियाँ

कुछ बातें हमनें तुमसे कही,

कुछ बातें तुमने हमसे कही,

फ़िर न जाने यह कैसा सिलसिला हैं,

किस बात का हम दोनों को गिला हैं!!


कुछ मजबूरियाँ तुम्हारी भी हैं,

कुछ मजबूरियाँ मेरी भी हैं,

छाई हैं चारों तरफ़ नर्मियाँ,

अनजान फ़ासले हैं हमारे दरमियाँ!!!


थोड़ी ख़ामोशियाँ तुम्हारी भी हैं,

थोड़ी ख़ामोशियाँ मेरी भी हैं

बताने के लिए कोई अलफ़ाज़ नहीं,

एक दूसरे से छुपा कोई राज़ नहीं।।

एक दूसरें के पास आने के बावजूद,

किसी ने किसी का ज़िक्र नहीं किया,

अच्छा रिश्ता होने के बावजूद,

अब कुछ न रहा हमारें दरमियाँ!!!

# 9
# Shreya Mishra

पहचान मेरी सिर्फ इतनी सी है, की रूह को शायर होने का ख्वाब है,,, और जिस्म पढ़ाई में तल्लीन है!! मैं श्रेया मिश्रा पुत्री - श्री मति निशा योगेश कुमार मिश्रा स्नातक की शिक्षा ग्रहण करती हुई, मांडा प्रयागराज की रहने वाली हूं!!

*Instagram id - Official shreyu*

# अदा

बिना चेहरा दिखाए, लोगो को अपने शब्दों से घायल किए बैठी है,,,,!

मुझको मेरे शब्दों से पहचानो कहती रहती है,,,,! तीखे शब्द उसके
कड़क आवाज की पहचान करते है,,!

हास्य व्यंग उसके खूबसूरत मुस्कुराहट को बयां करते हैं,,,,!


उदास लिखावट उसके दर्द को बयां करते हैं,,,!

लिख कर उसपर जुनून भरी सजावट,

शब्दों पर उसकी पकड़ बताया करते हैं,,,,!


तर्क संगत बातें उसकी,

समझदारी को झलकाया करते हैं,,,!

इश्क में डूब कर लिख जाना,

उसके आंतरिक प्रेम को दर्शाया करते हैं,,,,!


इतने सारे गुण मिलकर एक नारी को सजाया करते हैं,

साज सज्जा की क्या महत्त्वता?

*लेखक तो लिख कर ही अपनी पहचान बनाया करते हैं,,,,!!*

# 10
# Madhu Arya

मुझे लिखना अच्छा लगता है और लिखना अपनी भावनाओं को व्यक्त करने का सबसे अच्छा तरीका है। लिखने की कला मुझे अधिक से अधिक लिखने के लिए प्रेरित करती है। मैं दिन में पाठक और रात में लेखक हूं। लेखन मेरे लिए आत्म-संतुष्टि और प्रेरणा है। इसके अलावा मुझे डांसिंग, स्केचिंग, नॉवेल पढ़ने का बहुत शौक है।

*Instagram id - im_sugargenius*

# कठपुतली

कठपुतली नहीं तेरे हाथों की

जैसे चाहोगे, वैसे चलूँगी मैं,


जिदंगी मेरी है ये इसे

जैसे चाहूँगी, वैसे जीऊँगी मैं,


कर ना सकेगा कोई कैद मुझको

ऐसी उड़ान भर जाऊँगी मैं,


सपनों को ना परख मेरे ये वो हीरे है

जिन्हें इक ना इक दिन पा लूँगी मैं,


देख ना!


जिदंगी की इस भीड़ में,

इक दिन अपनी एक नई "पहचान" बना लूँगी मैं।।

# 11
# Avdhesh Meena

अवधेश मीना दौसा शहर का रहने वाला हैं और अपने सपनों को पूरा करने के लिए कालेज की पढ़ाई कर रहा हैं। अवधेश जुबान से कम और कलम से ज्यादा बोलने में विश्वास रखता हैं।वह पिछले 2 महीनो से कलम से अपने जज्बात बयाँ कर रहा हैं |वह लेखन को अपने जीवन का सबसे महत्वपूर्ण हिस्सा समझता हैं|

*Instagram id - @avimeena04 /@_game_changer04*

# ख्वाब नही हैं जिन्दगी

ख्वाब नहीं हैं जिन्दगी

आँखे खोलकर इसे जिया करो


सपने ख्वाब देखने से नहीं

रातो मे जागने से पूरे होते हैं


यूँ ना ख्वाबो मे जिया करो

यूँ ना समय गंवाया करो


खुली आँखो से सपने ना देखा करो

उन्हें पूरे करने के लिए मेहनत किया करो


जिन्दगी को ख्वाब समझोगे तो

कामयाब कैसे होगे , दुनिया में आपका नाम कैसे होगा

खवाब नहीं है जिन्दगी हकीकत इसे समझा करो

यू निश्चिन्त होकर समय बर्बाद ना करो


अपने सपने पूरे करने की कोशिश करो

यूँ ना खाली बैठा करो


क्यूंकि ये दुनिया हैं जनाब यहाँ कद्र भी

कामयाब लोगो की होती हैं |

# 12
# Neelance Kesarwani

*Born in Prayagraj Uttar Pradesh simple middle class family had been a part of many anthologies writes what i see in the world in my day to day life and pen it down, I try to show where we need changes and our society problems. I'm not a writer I just wrote what I feel.*

*Instagram id - neelancekesarwani*

# मोबाइल वाला बचपन

चिड़िया बैठी डाल पर कुछ यू सोचा करती है,

खेले जो बच्चे बाहर गालियों में ढूँढा करती है,

खेलते हुए देख उनको कभी वो भी मुस्कराती थी, उनकी मुस्कान देख
खुशी से चहचहाती थी,

पर ना जाने कहाँ वो बचपन गुम सा गुम हो गया है, अब तो सिर्फ
मोबाइल के सहारे रह गया है,

बचपन ही जिंदगी का सबसे खूबसूरत किस्सा है,

फिर ना मिले कभी दुबारा जिंदगी में वो हिस्से हैं,

ना जाने क्या वो समय फिर से आ पाएगा,

इस डिजिटल दुनिया में वो बचपन मिल पाएगा, चिड़िया बैठी डाल पर
कुछ यू सोचा करती है,

खेले जो बच्चे बाहर गालियों में ढूँढा करती है

# 13
# Abhishikth

अभिशिक्थ पेशे से एक एंजिनीयर है। लिखने का शौक़ रखते है अपने ख़ाली समय में कुछ लिख लेते है। जो कुछ लिखा है, उसका इनके निजी जीवन से कोई सम्बंध नहीं।

*Instagramid - ankahiansunibaatein*

# तुम ना समझोगे

तुम ना समझोगे,

प्यार क्या होता है।

अनजान देशवासियों के लिए, बेझिझक सीमा पे शहीद होना,

यह प्यार होता है।

बच्चा एक रोटी माँगे, फिर भी माँ 2 रोटी दे,

यह प्यार होता है।


"मुझसे शादी करोगी" यह सुनके ख़ुशी के आंसू का बहना,

यह प्यार होता है।


एक सास का अपनी बहु को, "बेटी" कह कर बुलाना, यह प्यार होता है।


होंठों की हंसी के पीछे, आँखों की नमी ढूँढ लेना,

यह प्यार होता है।

बिन कुछ कहे, बहुत कुछ समझ जाना, यह प्यार होता है।


लेकिन, तुम ना समझोगे,

प्यार क्या होता है।

# माँ

जन्मदाता कहु या अन्नदाता कहु,

दोनो ही शब्द पूरे हो कर भी ना पूरे है।

चाहे कितने ही पैसे कमा लू माँ,

पर तेरा हिसाब चुकाना चाहु, तो लगते अधूरे है। अक्सर मुझे खिला कर, ख़ुद की भूक उसने मारी है, मेरी ख़ुशी के लिए, उसने हमेशा अपनी ख़ुशी हारी है। दिवाली पर पुरानी सारी पहन, मुझे नए कपड़े दिलाती थी,

पूजा होने पर, सबसे पहला लड्डू मुझे ही खिलाती थी।

कभी भूक ना लगे मुझे, तो मेरी एक ना सुनती थी,

एक रोटी मांगु, फिर भी आटा दो रोटी का बुनती थी। वो माँ ही होती है, जो हर वक्त में दिल को लुभाती है, वादा भले ही ना किया हो उसने, फिर भी निभाती है। माँ वो है, जिसे निहारने के लिए एक दिन काफ़ी नहीं, हर दिन माँ के नाम करो, तो लगेगा वो भी काफ़ी नहीं।

# 14

# Pradeep Tiwari

प्रदीप तिवारी , बनारस (महादेव की नगरी काशी ) से सम्बंधित.
स्नातक स्तर की पढ़ाई के साथ साथ लेखन का शौक़. छोटे बड़े मिलाकर
400 से भी ज्यादा कविताएं,लेख और विचार. सभी रचनाएं प्रकृति,
मानव, प्रेरणा आदि से संबंधित हैं। वर्तमान में सरकार की कौशल
विकास योजनाओं से जुड़े हैं। लेखन,यात्रा, प्रकर्ति, संस्कृति और ईश्वर में
रुचि।

*Instagramid - Shyariwala_Pradeep*

# "सुनो तुम हो क्या?"

सुनो तुम हो क्या,

बैठ एक कोने अँधेरे में, सोचता हूँ हर सवेरे में।

हल्की आहट भी सुनाई दे, तो मन व्याकुल सा पूछता है।

सुनो तुम हो क्या।


हल्की हल्की बारिश जब आती, सौंधी मिट्टी की खुशबू साथ लाती है।

फिर याद आता है तुम्हारे साथ वो, गेंहू और सरसों की पगडंडियों पर चलना।

और अचानक तुम्हारे पैरो का फिसलना, तुम्हारा नम मिट्टी से सराबोर होना,

तब कही मृदा की खुशबू तुम्हारे बदन से आना, ये बारिश मिट्टी की खुशबू जब जब लाती है,

तो मानो मन व्याकुल सा हो पूछता है,

सुनो तुम हो क्या।

की जब जब ये शीतल बयार बहती है, धीमे से कानो में कुछ कहती है।

की तुम्हारे खुले गेसुओं की सुरभी, मानो स्वाश के जरिये मन को तृप्त करते हुए,

हृदय को जाकर छूती है,जब जब ये शीतल हवाएं आती है,

पैग़ाम तुम्हारा लाती हैं,मन पूछ उठता है,

सुनो तुम हो क्या।


की सेज शैया पर लेट जब अकस्मात ही,नथुनों को आभाष तेरे तन की खुसबू की होती है,

तो जब तूने पहली बार अपने सिने से लगा कर,प्यार से जब तूने आलिंगन भर स्नेह दिया था,

बस अब जब जब करवट बदलता हु तो ,एक सवाल गूंज उठी की,

सुनो तुम हो क्या।


एक आहत हो,या थोड़ी सरसराहट हो,

हो किसी नूपुर की झंकार,

या हो किसी चूड़ियों की खन खन ,घर बाहर, भीतर या आंगन,

बस दिल पूछ उठता हैं,

सुनो तुम हो क्या।

# 15
# Raghav

राघव ने 5 सितम्बर 2020 को लिखना शुरू किया था वह शुरुआत से ही कुछ बड़ा करना चाहता था लिखने के साथ साथ वह अपनी कक्षा 11वीं की पढ़ाई भी करता है ।

*Instagram id - writeforheight57*

# याद करोगे

बेठे बेठे रुला दिया मुझको

मुझसे भी कुछ कहा ना जाता

सहता रहा मैं मुँह सिल कर

लेकिन अब और सहा ना जाता

फिर फ़रियाद करी रब से मैंने

मगर अब फ़रियाद का क्या करोगे ?

मर जाऊँगा ना जिस दिन मैं

आँखो में आंसू लेके

मेरी याद का क्या करोगे ?

# रोने लगा था, रो ना पाया

बैठे बैठे रोने लगा था

रोने लगा तो रो ना पाया

रो ना पाया तो दिल लगाया

दिल ने टूट कर सबख सिखाया

दिल टूटे तो सदियाँ हो गयी

फिर भी उसको भुला ना पाया

उसी की याद में डूबा हुआ था

दुबारा दिल लगा ना पाया

बैठे बैठे रोने लगा था

रोने लगा तो रो ना पाया।

# 16
# Yash Kant

लेखक का नाम यश कान्त है जो रांची झारखंड से है। वह अभी इंजीनियरिंग का छात्र है। आधी रात के एकांत में चंद्रमा के प्रकाश में बैठकर लिखना उसे पसंद है। उसके लेखन के विषय चंद्रमा, प्रेम, शक्ति, पशुत्व और श्रीराधाकृष्ण की लीलाएं हैं। वह 19 वर्ष का युवा है जो कि अपने जीवन में मेहनत करता है और स्वयं के अस्तित्व के लिए लड़ता है।

*Instagram id - Kant.yash9.9hk*

# तलवार

अपने हाथों में तलवार लिए चलता हूं

मै भूतकाल का काट लिए चलता हूं ॥

जो यादें दुख देती अवरोध बढ़ाती

मैं काल को उनकी बलि दिए चलता हूं ॥

मै सिर ऊंचा कर मान लिए चलता हूं

मै खुद को साबित करने को जलता हूं ॥

मै सब को प्रमाण देने को चलता हूं

मै मन मण्डल प्रसन्न किए चलता हूं ॥

जो मार्ग मेरा अवरुद्ध करे को आए

जो चीरने मेरे चित्त को आगे आए

उनको मै जगदीश्वर पर कीलित करके

अपने सम्मान की प्यास लिए चलता हूं ॥

जो मुझपर बीता उसे दुःस्वप्न समझकर

मै प्रगतिपथ पथ आगे को चलता हूं ॥

मै हाथों में तलवार लिए चलता हूं

मै भूतकाल का काट लिए चलता हूं ॥

# 17
# Aanchal Srivastava

*Aanchal is writer of several anthology books, she is a blogger, she believes writing is best therapy. She also supports women empowerment, she writes on social issues as well. She is a painter and loves to read books. she is very rooted person, she is also running an open mic poetry shows, where she is giving a platform to all the budding writers.*

*Instagram id - jogan_author*

# माँ

एक सुबह थी असमंजस भरी,

एक शाम है रूहानियत से लिपटी

एक तपती तीखी धूप

एक सुकून भरी छाँव

माँ का आँचल और मेरा पाँव

माँ के वजूद से ही मेरा होना है

माँ के प्यार से सराबोर मेरा कोना है

माँ की छत्रों छाया में ही मेरा जीवन है

हे माँ तुमसे कीमती न कोई धन है

माँ प्रणाम है तुम्हारे इस कुशल कौशल को

तुमसे ही पिरोयागया ये सारा संसार है

हे माँ तुझे मेरा कोटि कोटि प्रणाम है ||

# 18

# Shweta Sharma

*मेरा नाम श्वेता शर्मा है, मैं एक लेखक हूं, मैं कहानियां, लेख, कविताएं आदि लिखती हूं, मेरी रचनाएं बहुत से न्यूजपेपर्स, न्यूजपोर्टल्स और मैगजींस में पब्लिश हो चुकी है, मैं बहुत सी वेबसाइट्स पर अपनी रचनाएं लिखती हूं।।*

*Instagram id - zindagi_with_shweta*

# खुद से मोहब्बत होती चली गई

बेकार की बातों से बेपरवाह मैं और भी होती चली गई, जबसे खुद से बेपनाह मोहब्बत होती चली गई, लोगों को ज्यादा सफाई देना बंद किया हमने,

जबसे खुद को कसकर गले लगाया हमने,

खुद की मुस्कुराहट पर मैं मरती चली गई,

जबसे खुद से बेपनाह मोहब्बत होती चली गई!!

दर्द को मरहम बना लिया हमने,

खुद को खुद से जोड़ लिया हमने,

आंखों की चमक कुछ बढ़ती चली गई,

जबसे खुद से बेपनाह मोहब्बत होती चली गई,

खुद को खुद में ढूंढना शुरू किया हमने,

खुद को शब्दों से जोड़ लिया हमने,

शब्दों की गहराई को खुशी का सहारा बनाया हमने, बुरा कभी किसी का ना चाहा हमने,

लोगों के चेहरे पर लगे ना जाने कितने चेहरों से हैरान होती चली गई, इसलिए खुद से और ज्यादा बेपनाह मोहब्बत होती चली गई।

# 19

# Turlapati Alekhya

एक युवा लड़की ने अपने जुनून से अभी लिखना शुरू किया है , लेखन केवल शब्दों का संग्रह नहीं है, यह विभिन्न भावनाओं का संयोजन है।उसका उद्देश्य पेशेवर लेखक बनना और लेखन के साथ अधिक से अधिक दिलों तक पहुंचना है !

*Instagram id- turlapatialekhya*

# आपने कभी देखा है?

या तुमने कभी एक अंधेरी धूप देखी है?

अगर आपको देखा है, तो आपको पता होना चाहिए की यह कैसा लगा
है

धेर सारी रोशनी वाले कमर की तराहः

लेकिन अभी भी

आप जो देख सकते हैं वह अँधेरा है

बैंड आंखें की तराही

खलीपन सा लगता है

बस आप और कुछ पुरानी कचरा यादे

एक रास्ता जो आप नहीं देख सकते

और लोग दिखावा कराटे हैं

नकली मुस्कान

नकली प्यार

भवनां से खेले जा रहे हैं कुछ खेल

यह ऐसा है जैसे आप अपने तवाचा में फांस गए हैं

तुम अपने आंसुओं में डूब रहे हो

अपने आप में बांध घुट गया

सब कुछ मारा हुआ लगता है

आप अकेला महसूस कराटे हैं

अगर आपने महसूस किया है कि

आपको एक अँधेरा सूर्योदय देखा है

या काफ़ी जतिल लगता है

हो सकाता वुस पल

आप जानते हैं

जीवन क्या है..!

# 20
# Payal Agarwal

पायल अग्रवाल मूलतः प्रयागराज, उत्तर प्रदेश की निवासी हैं। इन्हें बचपन से ही हिन्दी साहित्य से विशेष लगाव रहा है और कविता लेखन में रुचि रही है। इन्हें लिखने की प्रेरणा इनके स्वर्गीय दादा जी से मिली है। ये अपने जिंदगी के अनुभवों से सीखती है और जो महसूस करती हैं उसे शब्दों के माध्यम से व्यक्त कर देती हैं।

*Instagram id – Payalayushagarwal*

# हिन्दी से है हिन्दुस्तान

हिन्दी तो अपनी मां जैसी है

मन को बहुत सुकून देती है

भावनाओं का माध्यम बनती है

लेखनी को उड़ान देती है

सीखा था मैंने जो पहला शब्द मां

हिंदी से ही तो शुरू होता है

हिंदी से हुई जीवन की शुरुआत

हिंदी ही है जीवन का सार

हिन्दी से ही तो हम हैं

हिन्दी से है हिन्दुस्तान

बढ़ाती है सदा देश का मान

बढ़ाती है देश का गौरव और शान

देना चाहिए हमें इसे पूर्ण सम्मान

सही कथन कह गये थे वो कवि महान-

कि "निज भाषा उन्नति अहै, सब उन्नति को मूल,

"बिन निज-भाषा ज्ञान के, मिटत न हिय को सूल"।

# 21

# बरखा सोलंकी

नाम* ~ बरखा सोलंकी

*जन्म व जन्मस्थान* ~ इंदौर (म. प्र.) *शिक्षा* ~ M. Ed (प्रथम वर्ष, अध्ययनरत)

*संप्रति* ~ विद्यार्थी

*लेखन विधा* ~ कविताएं

*प्रकाशित पुस्तकें*

~ *प्राप्त सम्मान*

~ *संपर्क सूत्र* ~ @misssolankki / barkhasolanki222@gmail.com

# स्वयं

स्वंय में तुम राम हो ,

स्वंय में तुम रावण ।

स्वंय मैं तुम प्रेम,

हो स्वंय मैं तुम नफरत ।

जब स्वंय ही अपने जीवन ,

के एकमात्र सार हो ।

तब क्यो मागते ,

दुसरो से अधिकार हो ।

स्वंय तुम सृष्टि के व्यवहार हो,

स्वयम् तुम अपनी स्थिति के रचनाकार हो

# मेरी चाह

मेने हमेशा चाहा तुम वो बनो,

जो कोई ना बन सका मेरे जीवन में।

वो शख़्स जिससे में वो सारी बातें कह पाऊ,

जो अमूमन में किसी से नहीं कहती ।

हर वो तकलीफ़ बताऊं,

जिसका किसी को इल्म तक नहीं ।

हर वो राज बताऊं, जो सब जानना चाहते है,

पर मुझे सिर्फ तुम्ही को बताना है ।

हर वो उपलब्धि बताऊं,

जो करती है मुझे प्रेरित प्रतिदिन प्रतिपल प्रतिक्षण।

हर वो कला हर वो कोशल बताऊं ,

जिसे करके मुझे गर्व होता है अपने अस्तित्व पर ।

हर वो गलती हर वो पछतावा बताऊं,

जिसे करके में कैद हो जाती हूं अपने ही अंतर्मन में। मैने हमेशा चाहा
कि तुम वो

शख़्स बनो जो कोई ना बन सका मेरे जीवन में।

# 22

# Hardik Mehta

हार्दिक अपने आप मे ही एक बहुत अच्छे लेखक है।जो भी लिखते है दिल से लिखते है।उसका हर एक शेर दिल को छू जाता है।पेशे से वो इज्नेर है लेकिन उनकी दिलचस्पी पहले से ही कविताए, लेखन मे रही है।छोटे से परिवार का लड़का जिसने इज्नेरि तक पढाई की।आज वो ऊस मुकाम पे खडा है जहां से वो कभी पीछे मुड़कर देखना नही चाहेगा क्युकी उसके जिवन की दास्तान भी दर्द से दिवानी रही है।उसकी हर शायरी मे कविता मे वो दर्द हमे मेहसूस होता है जो उसके जिवन का कभी पहलू रहा है।

*Instagram id - hardikmehta137*

# खुदगर्ज खुदा

खुदा ने दी है ज़िंदगी , बन गई है बंदगी

ऐसी सलाखों में बांध दिया , न तोड़ सके ना मोड़ सके देकर सांसे दूर चला गया, अब जियो या मरो मेरा क्या है जाता

ये कैसी सांसो की साजिश है या कहो की, खुदा की फरमाइश है

दुखो का दौर चलता है , आसमान में बैठा खुदा न कभी मचलता है

कितना खुदगर्ज़ है वो

जब में हस्ता हु तो बारिश बन के रोता है

और जब में रोता हु तो बादल में छुप कर हस्ता है, सांसे सब की एक हे फिर भी

किसी को अंधेरा तो किसी को उजाला होता है, कितना खुदगर्ज़ है खुदा
...

न दौलत दी, न शोहरत दी

सांसे दे कर सो साल की मोलत दी

कोड़ी से भी छोटी एक औकात दी ,

चला गया फिर आसमान में

रथ में बैठा घूम रहा है

लोगो को तकलीफ में देख ज़ूम रहा है

कितना खुदगर्ज़ है खुदा , कितना खुदगर्ज़ है खुदा |

# 23

# Arunima Srivastava

*Arunima Srivastava is a delhi based writer and poet. She loves playing with words and turning them beautifully into poems. Being a law student she has also participated in various writing competitions and kavi sammelans. Her debut book is "कन्यादान से पहले ज्ञान". Availabel on amazon and flipkart.*

*Instagram id – avikaalove*

# मामूली ख़्याल

बेहद मामूली से लगते

कुछ महीन ख़्यालों ने सोचा,

क्यूँ ना कभी गुच्छा बन,

एक ख़ूबसूरत ग़ज़ल बन जाए..।।


बंजर मैदानों पर मुरझा कर

दम तोड़ना नही है अपनी क़िस्मत,

अब वक्त है के मिल कर

एक लहलहाती फ़सल हो जाए..।।


पन्ने किताबों में पड़े पड़े

ज़रा फ़र्ज़ी से मालूम पड़ते हैं अब,

कभी होंठों से छू ले कोई

तो हम भी दर असल हो जाए..।।

दो पल रुक कर कोई राही

हमें भी कभी सजदा करे,

कभी हम भी तो संजीदा हो कर

इबादत की नसल हो जाए..।।


बेशक मुमकिन है कि कोई

समझ ही ना पाए हमें यहाँ,

हम-तुम समझ लें एक बार खुदको

बस इतना ही मुकम्मल हो जाए..।।


बेहद मामूली से लगते

कुछ महीन ख़्यालों ने सोचा,

क्यूँ ना कभी गुच्छा बन,

एक खूबसूरत ग़ज़ल बन जाए..।।

# 24
# Swati Charan Pahari

इनका नाम स्वाति चरण पहाड़ी है। ये गिरिडीह, झारखंड की रहने वाली हैं। इन्होंने अर्थशास्त्र में स्नाकोत्तर की उपाधि ली है। कविताएँ और शायरी लिखने में इनकी विशेष रुचि है। यह पहले भी कई anthologies में co-author रह चुकी हैं। साथ ही यह बहुत सुंदर चित्रकारी भी करती हैं।

Instagram id - @swati_pahari

# एहसास

जब फूलों की तरह छू कर मुझे गुज़रता है तेरा एहसास

महका जाता खुशबू की तरह और कर जाता कुछ खास।

कभी हवाओं की तरह छेड़ कर मेरी ज़ुल्फ़ों को बिखेर जाता तेरा
एहसास।

कभी संगीत की तरह मेरे दिल को गुदगुदा कर निकल जाता तेरा
एहसास।

कभी बारिश की बूँदों की तरह मेरी पलकों पर गिर तेरी यादों से गीला
कर जाता तेरा एहसास। हर वक़्त मेरी परछाई की तरह साथ रहकर मेरे
साथ चलता तेरा एहसास।

# दोहरे चेहरे की पहचान

कुछ इस तरह मन जीत कर, मेरे समीप आया था वो,

किसे पता था ऐसे घनिष्ठ बन कर, मुझे छल जाएगा वो।


कैसे संभव हो पाती, उसके दोहरे चेहरे की पहचान कर पाना

चमकती हुई मुस्कान के पीछे, काला दिल छुपा कर लाया था वो।


कैसे पहचान पाती, उस मासूम मुखौटे के पीछे वाले कपट को

प्रेम की आड़ में धोखा साथ ले कर, कुछ ऐसे पास आया था वो।


ना कर पाई मैं, उसके असली चरित्र की पहचान फूल के साथ, काँटे जो
छुपा कर लाया था वो।

कुछ ऐसे डूब कर उसके प्रेम में, खिलखिला उठी थी मैं

किसे पता था, ताउम्र के लिए बस आँसू उपहार में दे जाएगा वो।


कोसती हूँ हर पल बस खुद को, ना समझ पाई उसके नकाब को

भरोसे वाले शहद के साथ, विश्वासघात वाला जहर साथ लाया था वो।

# 25
# Antriksh Sharma

अंतरिक्ष शर्मा का जन्म दिल्ली में हुआ था । ये हिंदी काव्य, शायरी एवं ग़ज़लों में रुचि रखते हैं । शिक्षा के क्षेत्र में इन्होंने एम.टेक में स्वर्ण पदक प्राप्त किया है । बालपन से ही इन्हें लिखने का शौक़ रहा है तथा अपने विद्यालय में भी अनेकों बार कवि-सम्मेलन एवं वाद-विवाद प्रतियोगिताओं में भाग लेते आए हैं । साहित्य के साथ-साथ इनका रुझान खेल-कूद में भी रहा है । कराटे में इन्होंने जुनियर ब्लैक बेल्ट हासिल की है ।

*Instagram id - ek_arsa*

# वीरानियों से पाला

वीरानीओं से जबसे पाला पड़ा है,

मेरा हर ज़ख़्म काला-काला पड़ा है किससे बात करें कौन है अपना,

हर शख़्स के मुँह पर ताला पड़ा है

ग़म-ऐ-दिल सुनाने चले थे सभा में, श्रोताओं के कानों में जाला पड़ा है

वफ़ा की उम्मीद किए बैठे हैं सबसे, बेवफाओं का बोल-बाला पड़ा है

इश्क़ ने अंगारे बरसाएँ हैं मुझ पर,

यूँ ही नहीं रूह में छाला पड़ा है ||

# ख़याल तो नहीं

तेरे दिल में फिर ये ख़याल तो नहीं,

इश्क़ हो जाए ये सवाल तो नहीं

फिर न कहना वो जुदा है तुझसे,

एक अरसा ही सही सौ साल तो नहीं

किस मिट्टी का बना है तू ये बता,

आशिक़ होने का मलाल तो नहीं

कोई चाँद की बात करे तो कहता है,

मेरे इश्क़ की तरह बेमिसाल तो नहीं

तो मान लिया जाए कि मोहब्बत है,

शर्मा के कह गया फ़िलहाल तो नहीं ||

# 26

# Mridula Rajpurohit

सुश्री मृदुला राजपुरोहित, चूरू (राजस्थान) के एक छोटे से गांव जोरावरपुरा से हैं और वर्तमान में सांचोर, जालोर में रहती है! इन्होनें Accounting व EAFM में स्नातकोत्तर की उपाधि ली। ये पेशे से एक शिक्षिका, परंतु हृदय से सदैव कवयित्री रही है।

इनके शब्दों मे-

*"जब-जब खुद को पाती हूँ मैं निराश,

मेरी ही पंक्तियां मुझमें जगाती है सदविश्वास ।

लौटाती है मुझे मेरा खोया आत्मविश्वास,

इसलिए ही लेखन में, मैं करती हूँ विश्वास।।"*

इन्हें लिखने की प्रेरणा इनके पिताजी श्री पूनम राजपुरोहित मानवताधर्मी जी से मिली, जो कि स्वयं एक सुप्रसिद्ध राष्ट्रवादी व गोविषयक विचारक-चिंतक, प्रख्यात समसामयिक समीक्षक-समालोचक, राष्ट्रीय लेखक- पत्रकार-स्तम्भकार-साहित्यक, जाने माने वैश्विक गोसेवक-गोभक्त, समर्पित समाज सेवक-सुधारक है।

*Instagram id - mridu_rajpurohit*

# संसार सागर के कर्ताधार

अथाह शक्ति का भंडार हो तुम,

सागर की लहरों समान बलवान हो तुम,

पर्वतों की गंभीरता से चलायमान हो तुम,

धैर्य का भी संसार हो तुम,

सर्वशक्तिमान हो तुम !

ईश्वरीय अनुपम उपहार हो तुम,

हर होनी के सूत्राधार हो तुम,

क्रिया, कारक और कर्म हो तुम,

संसार-सागर के कर्ताधार हो तुम !

हे मनुज ! सर्व-समर्थ हो तुम,

संकल्परूपी तलवार हो तुम,

जो चाहो वो पाने का मूलाधार हो तुम !

संसार-सागर के कर्ताधार हो तुम !!

# प्यारी दादीमाँ

प्यारी माँ, दादीमाँ ! न जाने कब तक आप मेरे साथ है, या कब तक मैं आपके । आजकल की दिनचर्या में आपके साथ बिताए क्षण सर्वाधिक आनंदायी होते है। आपकी मालिश, नहलाना, चोटी बनाने से लेकर आपको श्री गीताध्याय पाठ सुनाना तक का समस्त समय मानों सहेज लेना चाहती हूं, आने वाले वर्षों के लिए । हास्यास्पद है कि, दही से बाल धोना मैंने अपना लिया, और आपको शैम्पू जबर्दस्ती उपयोग में लाना भी सिखा दिया, पर कपड़ा साबुन का उपयोग न छुड़ा पाई। एक समय था, कुछेक पंद्रह वर्षों पहले जब मैं आपसे बड़े चाव से कहकर मेरे लिए राबड़ी बनवाया करती थीं, और एक आज का दिन है, जब मैं खुद आपके लिए कभी-कभार बनाया करती हूँ। पैर दबाने पर आपसे मिलने वाले आर्शीवचन "चोखो घर-वर, ...." और भी न जाने क्या-क्या, ये सब फिर और कहां सुनने को मिलेंगे। कभी-कभार, स्त्री-पुरूषत्व के मुद्दों पर आपसे हुए हास्यास्पद तर्क-वितर्क, जात-पात पर और भेदभाव की सहज चर्चा ये सब भी अत्यंत ज्ञानवर्धक है, जहां मैं पुरातन संस्कृति से परिचित होती हूं, वहीं फोन-टीवी की नव परिवर्तित सुविधाओं से आपका अवगत होने का भी अद्भुत ही अंदाज है। आज दादा हमारे साथ नहीं है, उनकी कमी सदैव मन ही मन महसूस होती है, पर आपका साथ संतोषप्रद है। आपकी सेवा-सुश्रुषा में जो आनंद है, उसमें समस्त सांसारिक चिंताओं को भूल जाना सहज है। आपकी सुनाई कहानियां और गीत, पीढियों पुरानी बातें, दादा-परदादाओं के किस्से, ये सब फिर कहाँ होगा, माँ । आप है तो हम हैं, आपके साथ व्यतीत क्षण-क्षण परमसुखदायी है। नब्बे पूरे होने की उम्र में जहाँ आपकों मेरे ब्याह के गीत गाने की इच्छा है, वहीं आपके आर्शीवाद को हमेशा सहेजे-समेटे रखने की मेरी अभिलाषा । मेरे शब्दों की कलम, उन भावों को लिखने में सर्वथा असमर्थ है, और आपका प्रेम मेरे लिए अजर अमर ।।

# 27
# Ashutosh Pradhan

*His name is Ashutosh . he has completed the graduation. He have been writing from 2020. Basically he write what he feel. Instagram id - @the_boy_whowrites*

# वो हसीना

हल्की हल्की बारिश में वो भीग कर आयी थी

मेहज कुछ दूर ही खड़ी होकर

वो अपने आप को बारिश के बूंद से आजाद कर रही थी।।

भीगी हुई उसकी बालों ने

मुझे उसको निहारने का इशारा दिया,

अपनी बेशर्मी की बेड़ियाँ तोड़कर

उसकी खूबसूरती को अपने लफ़्ज़ों में मेने कैद किया!!

भीगी बालों से गिरते बारिश की बूँदों ने

माथे से लेकर ओठों को चुमते हुए

सीने तक कि सफर तय किया

उसकी बेचनी और मासूमियत ने उसकी खूबसूरती को ज्यादा बढावा दिया।।

अचानक बारिश रुक गयी

पास खड़ी वो हसीना

अपनी पायलों की आवाज से दूर जाती दिख रही

और मेरी लिखावट अधूरी सी रेहगयी

उस हसीना के बिना ये लिखावट केसे पूरा होगी??? इन्तज़ार हे उसकी

किसी ना किसी बरसात में एक बार जरूर मुलाक़ात होगी।।

# 28

# Aditya Pandey

सह-लेखक आदित्य पांडेय का जन्म 15 अगस्त 2001 ई. में बिहार की राजधनी पटना में हुआ । कला , साहित्य और संगीत में इनकी बहुत ज्यादा रुचि है । आदित्य जी ज्यादातर सामाजिक विचारधाराओ के बारे में लिखना और बोलना पसंद करते है । वो बहुत सारे कवि सम्मेलन में भी परफोर्म कर चुके है । हर सामाजिक विचारधारावो को गंभीरता से लेते है और उसपे ज्यादा लिखना पसंद भी करते है ।

*Instagram id - 1.0_aditya*

# अभी बहुत कुछ बाकी है !

अभी तो ज़िन्दगी की लड़ाई बाकी हैं

अभी तो रिश्ते की तौरपाई बाकी है ।

अभी तो बचपन की जिल्द उतरी ही थी ,

अभी तो बुढ़ापे की स्याही बाकी है ।

अभी तो गलतियों से सीखना है मुझे

अभी तो तजुर्बे की तौरपाई बाकी है ।

अभी तो जवां में नफरत पनपी है ,

अभी तो जुबान की मिठाई बाकी है ।

अभी कुछ मरीज़ को दुआ चाहिए ,

अभी कुछ मर्ज की दवाई बाकी है ।

अभी तो बाप ने गिरवी रखा है घर ,

अभी तो बेटी की शेहनाई बाकी है ।

अभी तो गांव में सस्ती है मोहब्बत ,

अभी तो शहर की महंगाई बाकी है ।

अभी तो प्रकृति ने करवट बदली है ,

अभी तो कुदरत की भरपाई बाकी है ||

# 29

# Mahenoor

जहां लब और आंसू ख़ामोश हो जाएं स्याही की आवाज़ वहीं से बुलंद होती है! शब्दों की शक्ति को भली-भांति समझती हूं और इसका आदर करती हूँ। और इस ही उम्मीद से ज़हन-ओ-ज़माने में चल रहे कुछ बेज़ुबान जज़बातों को आवाज़ देने की कोशिश कर कर रही हूँ। एक आशावादी लेखिका|

*Instagram id - @maahi__afridiii*

# चाय की आरज़ू

कभी लगाओ मुझे भी होठों से..

किसी रोज़ मेरा भी ज़ायका चख लो!

ज़ुबां के ज़रिए पूरे जिस्म में उतर जाऊंगी.. और तुम्हारे दिल को सुकूं
के धागे से रफ़ू कर दूंगी!

बंद आंखों से फिर तुम्हें सिर्फ़ चैन-ओ-क़रार नज़र आएगा.

हर अंधेरे को अपने रंग सा गेहुआं रंग दूंगी! आओ! बैठो तो ज़रा पास
मेरे.

जी भर निहारो मुझको, मेरी गर्म सिसकियों को!

फिर मेरे लिबास से अपने हाथ सेखते हुए.. आहिस्ता से मुझे लबों के
पास लाकर.

तुम बुझा दो अपनी बेचैनी की नींद सारी! मेरा तो एक घूंट ही काफ़ी है
तुम्हारी ताज़गी को.

हर नशा फीका है एक मेरी लत के आढ़े.

हर! हर जुस्तजू झूठी है 'चाय' की आरज़ू के आगे!

# पिंजड़ा

हर रात कारी बस्ती थी, हर सुबह उजियारी सस्ती थी,

ना मोल कोई उसके जीवन का, बंद पिंजड़े में क़ैद एक हस्ती थी!

हर खान-पान का मज़ा उसे, हर मोह का पहला भोग उसे,

बस बाज़ के दीदों से बचने को, वो पंख जलाकर सजती थी!

शायद बनाई गई हो उड़ने को, पर उड़ान कहां उसे भरनी थी,

शो-केस रूपी उस पिंजड़े में, कोई तो मूरत रखनी थी! बहलाता था यहां
हर कोई उसे, हीरे-मोती सा ख़ुद को वो सुनती थी,

'जीवित हूँ फिर क्यों बेजान से तुलना?'- यही प्रश्न वो घंटों भुनती थी!

मान-भरम के बोझ तले वो, कितने ही ख़्वाब कुचलती थी,

उसके हर स्वतंत्र निर्णय के पीछे, विवशता साफ़ छलकती थी!

हर बात पर हामी भरने पर भी, ना उसकी विश्वास से बनती थी,

किसी पिंजड़े से जो भागे कोई दूजी चिड़िया, पहरेदारी तो इस पिंजड़े की
भी बढ़ती थी!

शायद हक़ीक़त में उस पिंजड़े की चिड़िया, वाक़ई वो बड़ी ख़ास सी थी,

चलती साँसों को आढ़े रखदो, हीरा-मोती ही वो कोई बेजान सी थी!

शायद उसकी घुटन से कई ज़्यादा, हिफ़ाज़त उसकी ज़रूरी थी,

और बाज़ तो होता ही है फ़ितरत से बेक़ाबू, पंख कुतरकर चिड़िया के ही
उसकी हिफ़ाज़त करनी थी!